The FUNCLE ELF

The
FUNCLE
ELF

The FUNCLE ELF

The FUNCLE ELF

The
FUNCLE
ELF

The
FUNCLE
ELF

The
FUNCLE
ELF

The
FUNCLE
ELF

The
FUNCLE
ELF

The FUNCLE ELF

The
FUNCLE
ELF

The
FUNCLE
ELF

The FUNCLE ELF

The
FUNCLE
ELF

The FUNCLE ELF

The FUNCLE ELF

The
FUNCLE
ELF

The FUNCLE ELF

The
FUNCLE
ELF

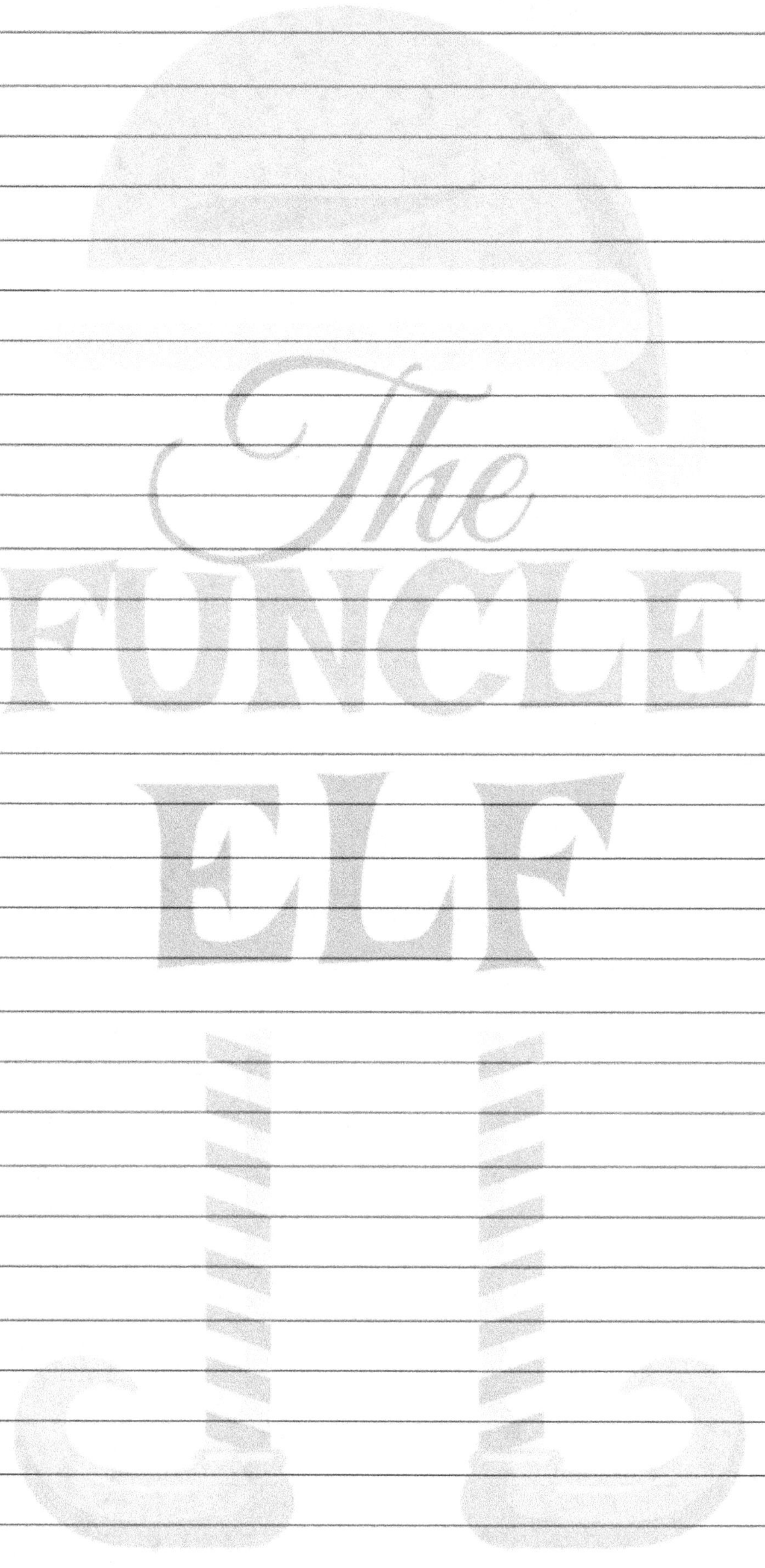The
FUNCLE
ELF

The FUNCLE ELF

The FUNCLE ELF

The
FUNCLE
ELF

The
FUNCLE
ELF

The
FUNCLE
ELF

The FUNCLE ELF

The
FUNCLE
ELF

The FUNCLE ELF

The
FUNCLE
ELF

The FUNCLE ELF

The
FUNCLE
ELF

The
FUNCLE
ELF

The FUNCLE ELF

The
FUNCLE
ELF

The FUNCLE ELF

The
FUNCLE
ELF

The
FUNCLE
ELF

The FUNCLE ELF

The
FUNCLE
ELF

The
FUNCLE
ELF

The FUNCLE ELF

The FUNCLE ELF

The FUNCLE ELF

The
FUNCLE
ELF

The FUNCLE ELF

The
FUNCLE
ELF

The
FUNCLE
ELF

The
FUNCLE
ELF

The FUNCLE ELF

The FUNCLE ELF

The FUNCLE ELF

The FUNCLE ELF

The
FUNCLE
ELF

The
FUNCLE
ELF

The
FUNCLE
ELF

The
FUNCLE
ELF

The
FUNCLE
ELF

The
FUNCLE
ELF

The FUNCLE ELF

The FUNCLE ELF

The FUNCLE ELF

The FUNCLE ELF

The
FUNCLE
ELF

The
FUNCLE
ELF

The
FUNCLE
ELF

The
FUNCLE
ELF

The
FUNCLE
ELF

The FUNCLE ELF

The FUNCLE ELF

The
FUNCLE
ELF

The
FUNCLE
ELF

The
FUNCLE
ELF

The FUNCLE ELF

The FUNCLE ELF

The
FUNCLE
ELF

The
FUNCLE
ELF

The FUNCLE ELF

The FUNCLE ELF

The
FUNCLE
ELF

The
FUNCLE
ELF

The FUNCLE ELF

The
FUNCLE
ELF

The
FUNCLE
ELF

The
FUNCLE
ELF

The
FUNCLE
ELF

The FUNCLE ELF

The
FUNCLE
ELF

The
FUNCLE
ELF

The FUNCLE ELF

The
FUNCLE
ELF

The FUNCLE ELF

The
FUNCLE
ELF

The
FUNCLE
ELF

The
FUNCLE
ELF

The FUNCLE ELF

The
FUNCLE
ELF

The FUNCLE ELF

The
FUNCLE
ELF

The
FUNCLE
ELF

www.ingramcontent.com/pod-product-compliance
Lightning Source LLC
LaVergne TN
LVHW060334080526
838202LV00053B/4470
* 9 7 8 3 3 4 7 1 6 0 3 5 4 *